Excepto en los casos en que se utiliza el nombre completo de un individuo, las personas mencionadas en este libro son personajes compuestos ficticios destinados a ilustrar situaciones y problemas específicos.

ISBN-13: 978-0-9981718-4-5

Publicado por: Toby Dog Media

PRIMERA EDICIÓN

Diseño de la portada: Craig A. Hart
www.craigahart.com

Fotografía: Brian Hutchison
www.bhutch3.com

Diseño y diagramación del libro: Dave Bastien
www.gooberly.com

Elogios para *Comienza con el Sí*

"Con calidez y ánimo, Paul Boynton te pone a ti y a tus metas al frente y al centro. ¡Lee esta joyita, entusiásmate, y ponte en marcha!"

– Joan Lunden

"*Comienza con el Sí* de Paul Boynton es un manifiesto que te guía a través de todas las señales de alto que enfrentamos en este viaje llamado vida. Voy a enviarles el libro de Boynton a todos mis amigos de Hollywood con la siguiente inscripción: No puedes terminar con un 'Sí' a menos que aprendas a comenzar con él"

– Scott Prisand, Socio Fundador
Corner Store Entertainment

"El tiempo en que llega este libro no podría ser más ideal. Vivimos en un mundo en el que nuestros sistemas cambian, se disuelven o se desmoronan completamente, y nos sentimos cada vez más estresados bajo la presión de equilibrar la vida, las familias y las carreras. Parece que anhelamos volver a un sentido de equilibrio, armonía y estabilidad espiritual. *Comienza con el Sí* es una lectura esencial para aquellos que buscan volver a lo básico; volver al equilibrio, la armonía y la estabilidad espiritual"

– Tshidi Manye,"Rafiki"
El Rey León de Broadway

"Este libro funciona, ya que rompe con el status quo; y es divertido y fácil. Simple de leer, pero no simplista. Olvídate del pensamiento positivo. Hazte las preguntas correctas, y luego comienza. Paul Boynton hace que quieras levantarte y ponerte en marcha siguiendo tus sueños"

– Lesley Valdes, Crítica General, WRTI – FM
y ex crítica de Philadelphia Inquirer
y San Jose Mercury News

"Guardo una copia de este maravilloso libro en mi salón para compartir con mis clientes. Muchos de nosotros vivimos por la Ley de Atracción y sabemos que "los pensamientos se convierten en cosas". *Comienza con el Sí* de Paul Boynton lleva la Ley de Atracción a un gran paso más allá en la acción. Paul nos da una forma a prueba de tontos para renovar, refrescar y comenzar. Todo con una pequeña palabra de acción: *Sí*. Es como siempre he tratado de vivir mi vida, y es algo hermoso"

– Roberto Novo
Salones Roberto Novo, New York y Buenos Aires

"¡Qué lectura tan inspiradora! Había estado lidiando con varios obstáculos de negocios y ¡este libro simplemente revitalizó mi naturaleza positiva para no dejar que nada se interponga en el camino para hacer el trabajo! *Comienza con el Sí* es un libro atemporal que ha reafirmado mi creencia de que una actitud positiva iniciada con acciones positivas puede superar cualquier reto"

– Paul Fox, Cofundador
EYE Q, Boston, Massachusetts

"No querrás decirles 'no' a las ideas de *Comienza con el Sí*. La vida sucede en el curso de miles de decisiones tomadas momento a momento, ya sean grandes o pequeñas. *Comienza con el Sí* es una guía inspiradora y práctica para cambiar el curso de tu vida, con una simple palabra: ¡Sí!"

– Tom Viola, Director Ejecutivo
Broadway Cares / Equity Fights AIDS

"¿Encontrar el poder a través de las acciones? ¿Soñar lo imposible y actuar de forma realista? ¿Aceptar el cambio? Paul Boynton muestra cómo unos pocos miles de diminutas respuestas 'sí' se suman a un gigantesco ¡Oh sí, nena!"

– Alice Ripley
Ganadora del Premio Tony

COMIENZA CON EL SÍ

Una breve conversación que cambiará tu vida para siempre

Por Paul S. Boynton

Para Susan Boynton, y su iluminada y amorosa alma de "Falls Island". Tú, simplemente, eres la mujer más hermosa que he conocido y siempre abrigarás mi corazón y al mundo con tu espíritu generoso y gentil.

Prólogo

Recientemente descubrí este increíble librito, *Comienza con el Sí*, a través de un amigo que me lo compartió. Leyéndolo, supe casi instantáneamente por qué este librito se ha convertido en un fenómeno. *Comienza con el Sí* es mucho más que un libro inspirador, y está muy alineado con mi filosofía fundamental de vida de abrir tu corazón y tu mente, y abrazar el cambio.

Esta joyita de libro ahora está celebrando su décimo aniversario y puedo ver realmente por qué millones de personas en todo el planeta han respondido a su invitación a tener esperanza de nuevo, a creer en sus sueños de nuevo, y lo que es más importante, a creer en uno mismo de nuevo.

Parte del encanto y el poder del libro proviene de su estilo simple pero profundo de conversación. El autor, Paul Boynton, tiene entrenamiento como terapeuta, por lo tanto, el mensaje es amable, amistoso y arraigado en la realidad. Es una conversación que reconoce gentilmente que una vida auténtica y honesta trae tanto dolor como alegría, y nubes como sol. También es un recordatorio de que a pesar de los tiempos difíciles, una vez que abrazamos el cambio somos más fuertes de lo que creemos y podemos acceder a nuestras pasiones y propósitos más fácilmente de lo que pensamos.

Aunque lo he llamado 'librito' porque es fácil de leer y entender, en realidad es un gran libro por su mensaje honesto que guarda un profundo respeto por nuestro viaje colectivo. Es el tipo de libro que querrás compartir con tu familia y amigos, y mantenerlo en tu mesita de luz. ¡Es el tipo de libro que realmente te cambiará la vida!

Feliz aniversario a *Comienza con el Sí*. ¡Estoy tan contenta de que nos hayamos conocido!

Con amor,

Jane Seymour

Introducción

Cuando escribí la primera edición de *Comienza con el Sí* hace diez años, pensé que sería un libro de autoayuda que animaría e inspiraría a la gente a reclamar sus sueños y a hacer que sucedieran cosas buenas en sus vidas. Las palabras vinieron con más facilidad de lo que esperaba y parecían fluir de mi corazón y mente como si estuviera envuelto en una conversación profunda e importante con un amigo querido.

Y la "conversación" resultó ser tanto para mí como para los potenciales lectores. Y aunque mi intención era la de ayudar a otros a crecer, mejorar y profundizar en sus vidas, descubrí que en realidad estaba cambiando también mi vida.

Lo que creí que sería un librito de autoayuda resultó ser algo importante para muchas personas. La simple filosofía de cómo dar pequeños pasos que conduzcan a grandes logros hizo eco en tanta gente, ¡que se convirtió en una comunidad de 2 millones de amigos! Y ya que ahora eres parte de esa comunidad, creo que mereces saber algo más sobre este librito.

Aunque el sentido común sugiere que las palabras que escribí y la conversación que compartimos vinieron de adentro, ahora sé que en realidad vinieron a través de mí tanto como de mí.

Al principio, dudé de compartir este pensamiento mientras preparaba la edición del décimo aniversario de *Comienza con el Sí* porque sabía que podría sonar demasiado abstracto para algunos, o sugerir que yo tuviera un acceso especial a una fuente que no entendía ni aun entiendo realmente. Lo que *sí* entiendo es que cuando pongo mi confianza en el universo para que me brinde la información que necesito, siempre aparece. Esta confianza me permite "comenzar" incluso cuando no siento que lo tenga todo resuelto. Yo creo que el acceso está ahí para mí, pero está ahí para ti también. Es algo que todos compartimos.

Dejé a un lado mis dudas porque me di cuenta de que la asombrosa comunidad de Facebook de *Comienza con el Sí*, con millones de personas de todo el mundo, entendería, o al menos, me perdonaría amablemente por esta revelación. Sabía que entenderían que las palabras que escribí no eran sólo acerca de un pensamiento compartido, sino también acerca de un viaje compartido. También sabía que estaba intentando describir con palabras un misterio que sólo podemos captar con nuestros corazones.

Así que, mientras me preparo para enviar esta edición del décimo aniversario a la imprenta, quiero que sepan cuánto aprecio su amor, apoyo y generosidad, y sus palabras amables, el ánimo y las oraciones. Creo con todo mi corazón que se nos ha juntado a propósito para apoyarnos mutuamente mientras creamos y vivimos las mejores, más significativas y más auténticas vidas que podamos.

Agradezco que seas parte de la familia de *Comienza con el Sí* y que estemos haciendo este increíble viaje juntos, porque aunque no podamos ver todos los giros y las vueltas que se avecinan, sabemos que no estamos solos.

Con gratitud, respeto, admiración y amor,

Paul

Hay un maravilloso dicho de sabiduría china que pregunta: "¿Cuándo es el mejor momento para plantar un árbol?" La respuesta es: "Hace 20 años, pero el siguiente mejor momento es ahora mismo". Si estás leyendo estas palabras, estoy convencido de que eran para ti, y nuestro momento es perfecto.

Comienza con el Sí

Prefacio

Si eres como yo y tienes metas que alcanzar, ideas que avanzar y problemas que resolver, *Comienza con el Sí* te hará moverte rápidamente, divirtiéndote con el proceso y haciendo las cosas de maneras que nunca imaginaste posibles.

Comienza con el Sí es una nueva y emocionante manera de enfocar la vida, pero esta es mi advertencia: este libro desafía el status quo y es completamente contrario a casi todo lo que les han enseñado sobre el éxito, las soluciones, la motivación personal y el poder del pensamiento positivo.

Como CEO, consultor corporativo, conferencista motivacional y mentor profesional y personal, he tenido el privilegio de trabajar

con muchísimas personas que han querido mejorar sus vidas, ir más allá de los desafíos profesionales y personales que los frenaban y hacer que las cosas buenas sucedan. Juntos hemos aprendido mucho y hemos hecho grandes progresos.

Y a través de mi trabajo, hice un descubrimiento muy importante que cambió notable y poderosamente mi vida y se convirtió en el núcleo de *Comienza con el Sí*: Contrariamente a lo que nos han enseñado, el secreto de una buena vida no es tener una actitud positiva; es pasar a la acción de manera positiva. De hecho (y esto puede sorprenderte), *Comienza con el Sí* funciona con o sin una actitud positiva.

Escribí este libro para compartir las tres estrategias principales de *Comienza con el Sí* de una manera que sea fácil de entender y de implementar. *Comienza con el Sí* se trata de hacer las preguntas correctas, pasar a las acciones correctas, y finalmente, navegar con seguridad a través de los obstáculos y bloqueos del camino. El formato de preguntas y respuestas del libro permite que se desarrolle una conversación entre nosotros, una que se anticipa a

lo que podrías preguntar y utiliza muchos ejemplos de la vida real para mostrarte el camino. Imita el asesoramiento, la mentoría y las presentaciones que he hecho a lo largo de los años, ya que estos en esencia han fluido como charlas íntimas sobre el cambio personal.

Ahora confieso que siempre he sido un tipo optimista, pero antes de *Comienza con el Sí*, nunca entendí completamente el poder del optimismo. Tampoco había sido capaz de traducir mi naturaleza positiva básica en acciones que me movieran a atravesar los tiempos difíciles o que me abrieran puertas que me permitirían alcanzar los muchos sueños que tenía.

Todo eso cambió durante un muy difícil período de sequía profesional y personal, cuando el *Comienza con el Sí* realmente encajó en su lugar para mí. Estaba avanzando hacia algunos cambios dolorosos y significativos en mi vida personal y también estaba apenas manteniéndome a flote en un trabajo a largo plazo que una vez había sido emocionante y divertido, pero que ahora era un "lugar de espera" en el que no tenía un buen rendimiento ni

era bien apreciado. Poco a poco me di cuenta de que se necesitaban algunos cambios significativos, y comencé ver que si las cosas iban a cambiar, era yo quien tenía que hacer el cambio.

Ese entendimiento importante me condujo a un cambio deliberado en mi enfoque de los problemas y las oportunidades, y con ese cambio, los principios de *Comienza con el Sí* surgieron rápidamente. A medida que implementaba las herramientas y técnicas simples que había desarrollado, mi vida personal y profesional comenzó a florecer de maneras inesperadas y maravillosas. Y eso es lo que quiero para ti también.

Comienza con el Sí es tanto un enfoque de vida como una forma simple y natural de reentrenar tu mente para que piense de una manera abierta y creativa que energice y comprometa tu capacidad de resolución de problemas. Te enseña cómo redirigir tus pensamientos de manera que libere tu creatividad, te ponga en movimiento y te mantenga en movimiento de maneras positivas y productivas. Con *Comienza con el Sí,* estarás creando una nueva forma de pensar que mejorará el rendimiento y te permitirá abrazar

más plenamente y finalmente disfrutar de tu vida y de las maravillosas oportunidades que te rodean.

Cuando enfrentas la vida con un espíritu de *Comienza con el Sí*, en realidad estarás creando energía positiva y esperanza, no sólo para ti mismo, sino también para las demás personas en tu vida. Y la energía positiva que creas te ayudará a hacer las cosas, a que sucedan cosas buenas y a que puedas atravesar con más facilidad los momentos difíciles y desafiantes.

Comencemos

De seguro, la gente está estresada. Trabajamos más duro y nos movemos más rápido. Estamos haciendo varias tareas, respondiendo teléfonos móviles, enviando correos electrónicos, publicando en Twitter, y haciendo amistad con personas que nunca conoceremos personalmente o en profundidad en sitios de Internet que nos están robando nuestro tiempo, mientras que nos añaden poco valor o recompensa.

Estamos bombardeados con noticias, la mayoría deprimentes, y abrumados con agendas imposibles de cumplir. Nos levantamos temprano con una lista interminable de cosas por hacer, y nos acostamos tarde, dando vueltas y vueltas, mientras preparamos mentalmente nuestra lista para mañana. No es ningún secreto que nuestra efectividad y eficiencia se ven afectadas a medida que la vida se vuelve más complicada. Y a medida que la presión aumenta, la mayoría de nosotros también vemos que tenemos

menos momentos de felicidad, menos tiempo para nuestra familia y amigos, y poco o nada de tiempo para nosotros mismos y nuestros sueños.

Sé lo apurada que se siente la vida porque yo también la siento. Con todo lo que pasa, apenas tenemos tiempo para respirar, mucho menos para leer otro libro. Pero quédate conmigo un poco. Los principios de *Comienza con el Sí* pueden llevarte, y te llevarán, rápida y suavemente a aguas más tranquilas donde puedas manejar tu vida y responsabilidades y aun así tengas tiempo y energía para la familia y los amigos. Aún más importante, descubrirás formas de desempolvar uno o dos sueños y abrazar la vida de formas que nunca imaginaste posibles.

Comienza con el Sí es un libro intencionadamente corto con un mensaje de esperanza simple y fácil de entender, y un camino claro y fácil de seguir hacia una vida más centrada, productiva y estimulante. Estoy convencido de que el enfoque de *Comienza con el Sí* funcionará para ti, así como ha funcionado para mí y para muchas de las personas a las que he tenido el privilegio de

asesorar. Sé que las cosas pueden ser mejores, la vida puede ser más fácil y tus sueños aún pueden hacerse realidad.

Una de mis historias favoritas de *Comienza con el Sí* es acerca de mi buen amigo, el compositor de Broadway Mark Schoenfeld. A los 57 años, estaba prácticamente sin techo, sin experiencia ni conexiones en el mundo del espectáculo y sin un centavo en su cuenta bancaria. Todo lo que tenía era un parlante con algunas hermosas canciones que había escrito y una notable historia que él creía que estaba destinada a convertirse en un musical de Broadway.

Admito que cuando conocí a Mark pensé que su certeza firme y esperanzadora de que llevaría su espectáculo a Broadway era increíblemente ingenua. Pero, ¿saben qué? Me demostró a mí y a todos los demás que estábamos equivocados, cuando *Brooklyn The Musical* se estrenó en Broadway hace algunos años. ¿Quieres saber cómo lo logró? Buscó implacablemente oportunidades de "sí". Mark vivió, durmió y respiró su pasión y permaneció firme en ella hasta que convenció a muchos otros no sólo de que

creyeran en su historia, sino también de que invirtieran financiera y artísticamente en un sueño que sabía que tenía que hacerse realidad.

Muchas de sus oportunidades de "sí" surgieron porque Mark era (y sigue siendo) un maestro de los contactos. Si identificaba a alguien que él creía que podía ayudarle, comenzaba una búsqueda implacable de alguien que conociera a alguien que conociera a alguien que pudiera hacer la conexión con esa persona. Practicaba la ley de los seis grados de separación y demostró que era cierta. También desarrolló un discurso cautivador que llamaba la atención y era efectivo. Supongo que habrá pasado tanto tiempo afinando el discurso como escribiendo el musical. Y entonces, cuando conseguía que alguien lo escuchara, interpretaba a cada personaje en el musical. No importaba que tuviera lo que él llama "la peor voz que se haya escuchado"; cantaba con tanta pasión que los potenciales inversores quedaban cautivados, y muchos se convencían de que el espectáculo sería una inversión inteligente.

Mark también era audaz: ¡No dudó en pedir ayuda y no tuvo temor

de pedir dinero! No dejó que el rechazo le frenara. Cuando recibía un "no, gracias", simplemente pasaba a la siguiente persona de su lista. Y esta acción enfocada no se detuvo cuando el espectáculo se estrenó en Broadway. Mark, siendo finalmente un exitoso dramaturgo y compositor, iba a la fila de entradas a mitad de precio en Times Square y charlaba con la gente que hacía fila para comprar las entradas. Les contaba su historia, les pedía que compraran entradas para su espectáculo y les daba su número de móvil, pidiéndoles que le llamaran después para contarle qué les parecía. Todas las noches, antes y después del espectáculo, estaba fuera del teatro conociendo gente, generando lealtad a través de relaciones, y creando su propio "boca a boca". No era tímido a la hora de hacer que las cosas sucedieran y gracias a eso, ¡las cosas sucedieron!

Una de las canciones de Brooklyn, "Once Upon a Time", se ha convertido en una pieza estándar de audición para actores profesionales en la ciudad de Nueva York y en todo el mundo. Búscala en YouTube y encontrarás muchos aspirantes cantando la

canción de Mark, pero lo más importante es que verás el poder que puede tener un enfoque de *Comienza con el Sí* en la vida.

La historia de Mark es bastante dramática, pero yo he visto que *Comienza con el Sí* funciona para toda clase de personas en toda clase de situaciones: nuevos graduados universitarios en busca de un primer empleo; gente que ha sido despedida recientemente en busca de un cambio importante en su carrera; artistas que tratan de encontrar exposición en una galería; líderes empresariales que esperan mejorar la moral en su lugar de trabajo; padres y profesores que tratan de resolver el problema de un estudiante; un actor que necesita conseguir una audición; una persona soltera que busca una cita significativa; empresarios que tienen una gran idea pero no saben qué hacer con ella; trabajadores sociales que buscan refugio para un cliente; trapecistas que necesitan encontrar un circo. Mi punto aquí es que *Comienza con el Sí* funcionará para todos, pero lo más importante es que funcionará para ti.

Por cierto, una buena amiga y colega bromeó una vez que durante sus años de universidad, "comenzar con el Sí" la metió en muchos

problemas. Nos reímos de eso y nos dimos cuenta de que, por simple que parezca, *Comienza con el Sí* necesita ser explicado un poco.

En las páginas siguientes, describiré el enfoque de *Comienza con el Sí* en la vida y te mostraré cómo adoptarlo para ti mismo. También compartiré más acerca de mi historia y las inspiradoras historias de amigos, socios de negocios y gente a la que he asesorado. Este breve libro, o más bien conversación, refleja lo que he aprendido en mi propio viaje de *Comienza con el Sí* y responde a las preguntas que la gente hace con más frecuencia cuando están empezando a explorar cómo hacer este cambio en sus propias vidas.

Estoy listo y me gusta el sonido de "Comienza con el Sí". Suena un poco como "El poder del pensamiento positivo" re envasado. Estoy deseando aprender exactamente cómo funciona Comienza con el Sí y cómo impactará en mi vida.

Si has aprendido alguna vez a tocar un instrumento musical, entonces esta ilustración de cómo funciona *Comienza con el Sí* te va a sonar conocida. La mayoría de nosotros no podríamos sentarnos en un piano y tocar Beethoven sin una instrucción profunda, partituras y mucha práctica. Es así con la vida. *Comienza con el Sí* es un proceso fácil de entender con algunas herramientas simples de usar que te ayudarán a aprender a tocar tu vida, como un pianista toca un hermoso concierto.

Al empezar, es importante notar que tener una actitud optimista no lastima y sí facilita las cosas un poco más, PERO no es

necesario. El énfasis del enfoque de *Comienza con el Sí* está en "Comienza", y la perspectiva del "Sí" le sigue. *Comienza con el Sí* se trata de la acción. Al pasar a la acción a menudo encontramos nuestro optimismo o lo mejoramos. No necesitamos preguntarnos: "¿Cómo me siento?"; necesitamos preguntarnos: "¿Qué puedo hacer?"

Habiendo dicho esto, yo soy un gran partidario de ver el vaso medio lleno. Así que aun si eso no te resulta natural, espero que estés dispuesto a intentarlo. Si lo haces, descubrirás que tener grandes esperanzas no es definitivamente un enfoque idealista e ingenuo de la vida. Tener grandes esperanzas es en verdad un enfoque realista y de sentido común para hacer que sucedan cosas buenas y para enfrentar los desafíos que están por delante.

Un enfoque centrado en *Comienza con el Sí* también requiere un poco de empuje y disciplina. *"La maquinita que pudo"* no es un cuento clásico infantil por ser lindo. Lo es porque es verdad. Un sentido de esperanza combinado con trabajo duro y tenacidad siempre da resultados. Así que arremángate y veamos qué

problemas puedes resolver, qué oportunidades puedes descubrir y qué cambios y sueños puedes poner en marcha.

Y por cierto, tenías razón cuando preguntaste sobre su similitud con el exitoso y motivador libro de Norman Vincent Peale. *"Comienza con el Sí"* y *"El poder del pensamiento positivo"* tienen mucho en común, pero hay una distinción fundamental: están construidos sobre filosofías diferentes. Ambos son válidos, y su eficacia depende simplemente de qué enfoque se siente más natural para alguien.

El libro de Peale ayuda al lector a cultivar una actitud más esperanzadora, pero eso puede parecer una tarea imposible para algunas personas. *Comienza con el Sí* propone un método fácil, paso a paso, que demuestra lo *posible* y lo accesible que puede ser el cambio personal. El enfoque de *Comienza con el Sí* te lleva a una mentalidad verdaderamente auténtica, basada en la experiencia y positiva; no es tanto acerca de una actitud positiva como de acciones positivas. En otras palabras, tú cambia primero tu comportamiento y el pensamiento positivo llega solo.

¿Estás diciendo que no necesito tener una actitud positiva para practicar un enfoque de Comienza con el Sí en la vida?

Entendiste bien; eso es exactamente lo que estoy diciendo. *Comienza con el Sí* está orientado a la acción más que a la actitud, el sentimiento o el pensamiento. Funciona con o sin una actitud positiva ya establecida. Hablaré más sobre la importancia de la actitud más adelante, pero por ahora, mantengámonos enfocados en la acción y arraigados en la vida real. En otras palabras, incluso si por lo general ves el vaso medio vacío, *Comienza con el Sí* puede funcionar para ti. Si, por otro lado, ya eres una persona optimista, aprenderás a enfocar toda esa buena energía y a aprovechar más eficazmente tu poder.

El optimismo en su mejor momento es muy diferente de la mentalidad de "esconder la cabeza en la arena". Sé que la vida no siempre es fácil, y a veces los desafíos que enfrentamos pueden ser abrumadores y aterradores. Todos luchamos, y todos

conocemos la decepción y la desesperación. Créeme cuando digo que no estoy descartando ni minimizando tu dolor. De hecho, *Comienza con el Sí* funciona porque está firmemente basado en las difíciles realidades y en los desafíos que todos enfrentamos.

Ya verás que, a medida que se desarrolla nuestra conversación, nos centraremos en algunos de los altibajos compartidos de la vida. Sé que son reales, y sé que impactan tu vida, así como han impactado y continuarán impactando la mía.

Empiezo a ver cómo Comienza con el Sí difiere de sólo tener pensamientos positivos, pero todavía soy un poco escéptico sobre la posibilidad de mantener una visión optimista durante los tiempos difíciles. ¿Cómo concilias las dos cosas?

Tienes razón, los tiempos difíciles van y vienen, y algunas veces son definitivamente más desafiantes que otras. Durante los tiempos difíciles la gente a menudo pregunta: "¿Es realista, o incluso práctico, tener una perspectiva positiva en este momento?"

Entiendo y aprecio esa pregunta, y creo que durante los tiempos difíciles es cuando más necesitamos a *Comienza con el Sí*; pero al mismo tiempo, nuestro optimismo debe estar arraigado y ser respetuoso de las duras realidades que todos enfrentamos. Permíteme hablar un poco más acerca de este asunto importante.

Como dije antes, soy un gran creyente en la realidad, y entiendo la importancia de mantener un pie sobre la tierra. Sin embargo, la realidad puede ser un concepto difícil. En primer lugar, nuestros puntos de vista individuales (nuestras realidades), que a veces representamos como la forma en que son las cosas, en realidad son sólo la forma en que las cosas parecen ser para nosotros en este momento. En otras palabras, lo que es real a menudo no es tanto acerca de los hechos, sino del giro o la interpretación que le damos a lo que vemos que nos sucede a nosotros y a nuestro entorno. Para algunas personas un día caluroso y húmedo de 90 grados es como el día perfecto de playa. Otras personas reaccionan al mismo clima como cansador, sofocante y totalmente desagradable. ¿Quién tiene razón? ¿Qué es real?

Sabemos por experiencia que momento a momento las cosas cambian, y nuestras realidades están en constante movimiento. Estaría dispuesto a apostar que algunos días son "días de playa" para ti, pero hay otros días en los que el mismo calor es casi insoportable. Es por eso que es tan esencial hablar acerca del concepto de "arraigado en la realidad".

¿Cómo nos mantenemos arraigados en un enfoque de *Comienza con el Sí* y aun así lidiamos con los cambios de la realidad que parecen constantes?

Aquí hay un ejemplo que podría ayudar: Hoy es un buen día si hemos dormido bien, nuestros hijos tienen ropa nueva para la escuela y no nos preocupan las facturas de nuestras tarjetas de crédito o lo que cueste llenar el coche de gasolina. Hoy *no* es un buen día si nos despertamos con dolor de muelas, no encontramos las llaves del coche, y un amigo con el que realmente contábamos se echó para atrás de cuidar a nuestros niños. Los cambios en la realidad son inevitables, pero una perspectiva de *Comienza con el Sí* puede ayudarte a mantenerte centrado y arraigado a la realidad sin importar el tipo de día que puedas estar teniendo.

Así como es más fácil dirigir un barco en aguas tranquilas, también es más fácil ser optimista cuando las cosas van bien. En los días buenos, *Comienza con el Sí* tiene mucho sentido y mantiene las cosas en movimiento a un ritmo rápido y positivo.

Pero en un mal día, un eslogan bien intencionado no es suficiente. En esos días no tan buenos necesitamos respetar nuestras realidades, ser amables con nosotros mismos, y ser amables con la gente que nos rodea. Ser amable, sin embargo, no significa que abandonemos el enfoque de *Comienza con el Sí*. De hecho, en esos días malos, es cuando más necesitamos *Comienza con el Sí*.

Cuando tengo un mal día, antes que nada, pongo en mi iPod música que me levante. Luego me rodeo de otros cuya realidad actual sea un poco más brillante que la mía (Es increíble cómo estar rodeado de gente positiva puede elevarnos a un mejor lugar). En tercer lugar, empiezo a hacer muchas preguntas como: "¿Qué puedo hacer para que esto sea más fácil? ¿Qué puedo hacer para que las cosas fluyan mejor? ¿Qué necesito hacer para sentirme mejor?". Cuando hago estas preguntas, casi siempre obtengo una o dos respuestas sorprendentes y útiles que sugieren claramente una acción. Finalmente, paso a la acción.

Por ejemplo, el otro día estaba lidiando con una decepción personal y me sentía un poco herido e incómodo por un encuentro

social que no había salido bien. Hablé con mi hija Molly sobre lo que había sucedido y luego salí a buscar un waffle con un poco de jarabe de arce real. Un rato más tarde Molly me llamó al móvil para ver si quería ir a ver una película divertida más tarde esa noche. Podría haber dicho "no" y quedarme atrapado en un lugar incómodo, pero en cambio pensé "sí" y dije "claro". La respuesta a la pregunta "¿qué podía hacer para sentirme mejor?" reveló varios pequeños pasos (acercarse a alguien útil, un waffle con jarabe de arce real, y hacer planes para ver una película divertida), y los tomé. De a poco, la depresión en la que me encontraba comenzó a desvanecerse.

¿Pero qué pasa si sientes que tienes muy pocas personas positivas en tu vida? Si esa es tu situación, eso te retrasará; pero eso significa que traer más gente positiva a tu vida tiene que convertirse en una de las primeras cosas que atiendas. Puede que hayas oído hablar de la "Ley de atracción", un principio centrado en la creencia de que los pensamientos y sentimientos son energía, y que lo semejante atrae a lo semejante. Es decir, los pensamientos y sentimientos positivos atraen a las personas y a los eventos

positivos a tu vida; y de manera similar, los pensamientos y sentimientos negativos atraen más negatividad. No es un juicio; es sólo la forma en que funciona la energía. Así que si te faltan personas positivas en tu vida, la Ley de Atracción sugiere que puede que tengas que hacer algunos cambios personales.

Por lo general hay mucha gente positiva alrededor. Es como tratar de encontrar un buen estanque de pesca, sólo tienes que preguntar un poco. He descubierto que la gente que está comprometida con la vida, que hace que las cosas sucedan, a la que le gusta su trabajo o tiene un hobby que le apasiona, a menudo tiene una perspectiva más positiva. Así que la pregunta es: ¿A quién conoces que esté comprometido con la vida? Entonces, la siguiente pregunta (que conducirá a una acción) es: ¿Cómo puedes conocer a esas personas? Todo lo que se necesita es conectarse con una persona positiva. Cuando la encuentres, te prometo que habrá otras personas positivas cerca. No existen estanques con un solo pez.

Comienza con el Sí se basa en la premisa de que siempre hay respuestas que encontrar y cuando las encontremos,

descubriremos acciones que nos harán avanzar. Esto es importante y vale la pena repetirlo. Nos hacemos preguntas para descubrir acciones, y sabemos que a medida que tomamos estas acciones, nuestra realidad comenzará a cambiar y nos encontraremos moviéndonos hacia un lugar mejor. Usemos ese dolor de muelas para entender mejor este principio.

Comienza con el Sí es en realidad más acerca de acciones positivas que de pensamientos o sentimientos positivos. Requiere que reconozcamos la realidad (nuestra muela en verdad nos duele), pero luego nos enseña a enfocarnos menos en lo malo (el dolor de muelas) y más en las soluciones (un par de aspirinas y una visita al dentista). No finge que el dolor de muelas no es real, sino que nos impulsa a la acción para que podamos lidiar con el dolor y llegar a un mejor lugar.

Espero que entiendas que yo tengo dolores de muelas y momentos de depresión y pensamientos negativos como el resto del mundo. No soy un optimista robótico o un inexperto en decepciones, corazones rotos, reveses y dolor. Pero he aprendido esto: Cuanto

antes pueda pasar a la acción, mejor se pondrán las cosas y antes empezaré a sentirme mejor.

Eso suena esperanzador y alentador, pero también suena demasiado fácil o demasiado bueno para ser verdad. Puedo ver cómo esto funcionaría para esos pequeños problemas, pero ¿qué pasa con los realmente grandes, como un matrimonio infeliz?

Comienza con el Sí es bueno y es verdad, pero a veces se malentienden las ideas. De nuevo, no quiero minimizar la gravedad de algunos de los problemas que enfrentamos. Un matrimonio infeliz es una realidad seria y compleja, y un enfoque de *Comienza con el Sí* para enfrentarlo invitará a todo tipo de preguntas auto dirigidas y todo tipo de posteriores acciones esenciales para salvar el alma.

El proceso que se pondrá en marcha para tratar con un matrimonio problemático será naturalmente mucho más complejo con muchos más pasos que la pequeña alteración social de la que hablé antes.

Pero grande o pequeño, el proceso es el mismo. Haz las preguntas, anota las acciones sugeridas, y comienza a dar pequeños pasos en la dirección correcta.

El punto final de un matrimonio infeliz podría ir desde el redescubrimiento de la alegría en la relación hasta, en el otro extremo, la decisión de terminar las cosas y seguir adelante. Por difícil que parezca una experiencia de "seguir adelante", la alternativa es quedarse atascado en una mala situación, y eso no tiene sentido.

Otro punto clave que vale la pena señalar es que *Comienza con el Sí* no sólo se trata de desafíos, sino también de oportunidades y sueños. Tal vez has estado pensando en volver a la escuela o aprender a tocar el piano o ponerte esos patines que están en el ático. Tal vez tengas una novela que escribir, un apartamento que alquilar o un negocio que iniciar. El enfoque de las oportunidades de *Comienza con el Sí* es igual de importante; y, cuando empieces, estarás añadiendo una verdadera emoción a tu vida. De nuevo, el proceso es una serie de preguntas seguidas por posteriores pasos

o acciones manejables, luego más preguntas y más acciones, y así sucesivamente.

Recuerda, tanto si usas *Comienza con el Sí* para desafíos grandes como pequeños, grandes oportunidades o pequeñas, el proceso es el mismo y los resultados son positivamente predecibles. No te prometo una vida perfecta, ni siquiera un día perfecto. Pero puedo prometerte esto: Si *comienzas con el Sí*, tu vida va a cambiar absolutamente. Las cosas se van a poner más esperanzadoras, y comenzarás a moverte en direcciones positivas. Y a medida que tu vida cambie, también estoy convencido de que te encontrarás con una perspectiva positiva emergente o que tu perspectiva ya positiva mejorará.

Supongo que tengo algunos problemas o sueños dando vuelta, pero me cuesta articularlos o incluso saber exactamente qué me gustaría que pasara en mi vida.

Es gracioso, la mayoría de la gente dice eso, pero bien en el fondo sí lo saben. El otro día vi un gracioso sticker en un parachoques que preguntaba: "¿Qué sabes que no te estás dejando ver?". Me recordó muchos de mis propios momentos de descubrimientos y también una reciente sesión de asesoramiento con una ejecutiva confundida sobre sus objetivos profesionales futuros. No dejaba de decirme cuánto le gustaba su trabajo actual y su entorno laboral, pero no me convencía. Así que presioné un poco pidiéndole que me dijera la verdad absoluta y sin censura sobre por qué se quedaba en su puesto actual. Quedó anonadada por su propia respuesta: "Seguridad laboral". En verdad no amaba su trabajo; sólo tenía temor de renunciar a la seguridad del trabajo que había estado haciendo durante años. Con esa conciencia fuimos capaces

de empezar a tener conversaciones productivas sobre sus objetivos futuros.

Si tú y yo estuviéramos en una relación de asesoramiento o simplemente tomando una taza de café juntos, sé que fácilmente descubriríamos algunos de los cambios que te gustaría que ocurrieran. Así que toma esa taza de café o té, relájate, y prueba este rápido ejercicio. Descubramos uno o dos desafíos y también algunas de tus esperanzas, sueños y deseos que han quedado en segundo plano.

En serio, deja este libro, busca una hoja de papel en blanco y dibuja una línea en el medio. En el lado izquierdo, haz una lista de lo que te gustaría que ocurriera en tu vida personal, en tu vida laboral, y si te sientes inclinado a hacerlo, en tu vida espiritual o interior también. Piensa en grande y no tengas temor de incluir cosas que no parezcan prácticas o aún posibles. Estamos hablando de los deseos de tu corazón. Diviértete y hazme saber cuando hayas terminado.

Muy bien, mi lista está hecha. Entonces, ¿cómo se traduce eso en acciones de Comienza con el Sí que hará que las cosas arranquen?

¡Buen trabajo! Me alegro de que ya estés comprometido y puedo asegurarte que ya estamos haciendo progresos. Vuelve a la lista de lo que te gustaría que pasara en tu vida y pregúntate: "¿Qué pequeña acción podría tomar hoy que me acercara, aunque sea ligeramente, a mi meta o a la resolución de un problema?"

Usa el lado derecho de tu papel para registrar estas notas. Si en verdad no puedes pensar en al menos un paso de acción, pídele a un amigo que te ayude. Y si eso no funciona, envíame un correo electrónico y haré todo lo posible para ayudarte.

Aquí hay algunos ejemplos de las listas de algunas personas con las que he trabajado:

Objetivo: Vivian quiere vender su casa y comprar un nuevo condominio en la ciudad.

Primer paso: Hacer tasar la casa actual y conocer su verdadero valor.

Objetivo: Kash quiere encontrar algunos lugares públicos para mostrar su arte.

Primer paso: Tomar un café con un amigo que sea un agente inmobiliario comercial para que le dé ideas sobre una lista de posibilidades.

Objetivo: Jason quiere dejar de pelear con sus hijos adolescentes.

Primer paso: Llamar al consejero escolar para que le recomiende lectura al respecto.

Objetivo: Marie quiere encontrar un trabajo de entrenamiento corporativo en una compañía de Fortune 500 que sea amigable con las personas gays cerca de su casa en el Noroeste.

Primer paso: Conseguir una lista de empresas amigables con los gays en la región.

Objetivo: Josh quiere mudarse a un clima más cálido.

Primer paso: Hacer una lista de lugares que encajen en la cuenta.

Objetivo: Rachel quiere hacer un CD con algunas canciones que ha escrito.

Primer paso: Llamar a un amigo en la industria musical y obtener consejos preliminares acerca de "cómo" hacerlo.

Espero que estos ejemplos te ayuden a empezar. Una vez que hayas completado tu propia lista, elige tu objetivo principal y da ese primer paso de acción simple. Es importante poner nuestra conversación en espera por unos minutos y tener activamente una experiencia de *Comienza con el Sí*. Pasa de la teoría a la práctica, ¡y luego celebra tu comienzo!

Eso fue fácil. Cuando miro mi lista hay tantas cosas en las que trabajar, cosas en las que quiero trabajar. ¿Debería acercarme a la lista de a un objetivo a la vez?

Entiendo cómo te sientes y eso habla del hecho de que *Comienza con el Sí* no es acerca de un proyecto, sino acerca de nuestras vidas. Me doy cuenta de que lo que estoy a punto de aconsejar es contrario a lo que nos han enseñado a la mayoría de nosotros, pero creo que en realidad tiene más sentido centrarse en muchos objetivos y desafíos a la vez porque así es como se desarrollan las vidas emocionantes.

Piensa en ello como si estuvieras preparando una maravillosa cena italiana. Mientras hierve el agua, lavas la lechuga y cortas los tomates. La salsa se cocina a fuego lento mientras pones la mesa y calientas el pan. Es esencial hacer varias cosas a la vez si queremos que la comida esté lista para cuando lleguen los

invitados.

Por supuesto que no estoy sugiriendo que te agobies y dejes que las cosas se salgan de control, pero no tengas temor de poner en marcha varias cosas. Con el tiempo descubrirás que los objetivos evolucionarán o cambiarán; algunos objetivos se volverán menos importantes, mientras que otros pasarán a primer plano. Hay un flujo natural en esto, y puedes esperar que tu energía y prioridades cambien a medida que ciertos proyectos se afiancen.

Al comenzar, será útil usar un pequeño cuaderno para registrar tus diversas aventuras. En la parte superior de la primera página, enumera tu primer objetivo y, debajo de éste, tu primer paso de acción. Luego saltea algunas páginas, dejando espacio para los futuros pasos, y entonces registra tu segundo objetivo, y así sucesivamente.

Cuando empiezas a pensar en un objetivo, puedes ser tentado a pensar en múltiples pasos de acción, pero *Comienza con el Sí* funciona mejor cuando dejas que se desarrolle paso a paso. Es

cierto, deberías considerar todos tus objetivos a la vez, como he dicho, pero aborda cada objetivo *un paso de acción a la vez*. A medida que tomes estos pasos, aprenderás nueva información que te ayudará a guiar y descubrir lo que debe suceder a continuación. Por ejemplo: Con la tasación, Vivian descubrió que su casa sería mucho más fácil de vender si terminaba el baño de abajo. En base a esta nueva información, el siguiente paso apropiado (arreglar el baño) se hace evidente, aunque antes no lo era.

Si piensas demasiado en el proceso, te ralentizarás y crearás un plan que se volverá obsoleto casi de inmediato. ¡Da un pequeño y razonable paso a la vez!

Guarda espacio en tu cuaderno para los objetivos nuevos o emergentes, y mantenlo contigo mientras sigues con tu vida. Y también debes saber que a veces los objetivos cambian o simplemente ya no parecen importantes. Mantén tus metas al día y haz tiempo todos los días, sin importar lo ocupado que estés, para marcar uno o dos pasos de acción como completados. Al marcar una acción, pregúntate: ¿qué sigue? Si te quedas atascado

en un paso siguiente, busca amigos y socios, y busca ideas; casi siempre encontrarás un paso para seguir. Si no lo encuentras, busca nuevos amigos y sigue intentándolo hasta que encuentres el siguiente paso.

He tenido el increíble privilegio de asesorar informal y formalmente a tanta gente que le hizo frente al reto y comenzó a hacer que las cosas sucedan en su vida. *Comienza con el Sí* no siempre es fácil, pero siempre funciona. Y por favor, no esperes que esto sea siempre un viaje tranquilo o sin incidentes. Hablaré de los problemas y los obstáculos en un momento, pero por ahora recuerda que te estás moviendo hacia lo desconocido, y puedes esperar una o dos sorpresas en el camino. Y si las cosas van demasiado despacio o te encuentras atascado, busca por todos los medios un asesor formal o informal que te ayude a motivarte, te apoye y te anime.

Es tu turno de batear. Toma la lista que has desarrollado y comienza. Pronto descubrirás que es verdaderamente emocionante tener varias cosas desarrollándose a la vez. Seguro, tendrás días

en los que sentirás que se avanza muy poco, pero te prometo que habrá otros días en los que las cosas funcionen como una celebración del 4 de julio.

Estoy listo para empezar, pero tengo una pregunta importante que hacer: ¿Qué pasa con los objetivos imposibles de mi lista? Afrontémoslo, nunca voy a ser un atleta olímpico. ¿Debería tachar los poco realistas de la lista?

Me encantan las cosas imposibles, así que por favor no quites nada de tu lista todavía. Déjame contarte una historia rápida sobre uno de mis sueños imposibles, y entenderás por qué te animo a aferrarte a esas grandes ideas.

Hace un par de años, en un momento de descuido, le dije a un periodista que cuando era niño, quería ser trapecista. Naturalmente esto terminó resaltado en la historia que escribió, y en los siguientes días me hicieron algunas bromas sobre "volar por el aire" usando mallas.

Ahora claramente mis días de trapecista han quedado atrás. Pero algunas de las pistas encontradas en ese sueño han sido muy útiles, y explicaré por qué en un minuto. Si "ser un atleta olímpico" terminó en tu lista, ya conoces el procedimiento. Haz algunas preguntas: ¿Qué te atrae de ser un atleta olímpico? ¿Es el estar en forma, la competencia, el rendimiento, el reconocimiento u otras cosas? Una vez que tengas algunas respuestas, puedes empezar a considerar otras vías y dar algunos pasos que cominecen a satisfacer la esencia de tus sueños olímpicos.

Para mí, la historia del trapecio era acerca del rendimiento, el riesgo y la aventura. Una vez que tuve algo de claridad en torno a mis motivaciones, empecé a buscar algunas formas más prácticas de satisfacer esos deseos. Comencé a decirles a algunos amigos que tenía una idea para un programa de televisión. A medida que hablaba con la gente, la idea fue evolucionando y se hizo evidente la conexión lógica entre mi discurso en público, mi filosofía personal, mi práctica de asesoramiento y un posible programa de televisión. Entonces tuve la suerte de encontrarme con el director de un canal de televisión local en una reunión con un concejal de

nuestra comunidad. Mientras la directora y yo hablábamos, se produjo la apertura perfecta, y ella me preguntó si tenía alguna idea para un nuevo programa de televisión. ¡Y sí que la tenía! Muy rápidamente las cosas empezaron a encajar, y pronto tuve un programa televisivo semanal de charla de *Comienza con el Sí* que se graba en directo (hay mucho riesgo en eso), ¡y que seguramente satisface algunas de mis necesidades de actuación y aventura! Lo paso muy bien con él, y de vez en cuando se siente como si estuviera volando por el aire.

Cuando miro la lista que acabo de crear, suena como si me pidieras que hiciera grandes cambios.

Tienes razón, hay algunos cambios por delante. Pero con el debido respeto, no soy yo quien lo pide, sino tú. Y aún más, sospecho que es algo que has querido hacer desde hace tiempo. Avanzar será mucho más fácil si estás dispuesto a dejar ir unas cuantas creencias de autolimitación y adoptar el enfoque de *Comienza con el Sí*. Así es como se hace.

He descubierto que el optimismo no es innato; es en verdad una elección. Mucha gente piensa que ser optimista o pesimista es ser como son; yo no lo creo. Lo que sí creo es que la mayoría de la gente ha aprendido a responder a las situaciones y oportunidades que le rodean y que ese enfoque aprendido se ha convertido simplemente en un hábito.

Las dos respuestas más comunes a los desafíos y oportunidades son las que comienzan con un "No" y las que comienzan con un "Sí". La gente que normalmente comienza con un "No" se cierra antes de empezar. Pero las personas que comienzan con un "Sí" se mantienen abiertas a las posibilidades y crean un ambiente creativo e intelectual donde se pueden encontrar ideas y soluciones. Naturalmente, cuando se descubren las ideas y soluciones y luego siguen las acciones, es mucho más probable que lleven la buena vida de la que hemos estado hablando.

Por eso es importante que encuentres dentro de ti mismo a la persona que comienza con el "Sí". Déjame aclarar. No te estoy pidiendo que te conviertas en alguien diferente, simplemente te estoy pidiendo que descubras la auténtica persona que *comienza con el Sí* que ya está allí. Y recuerda, no importa lo optimista o pesimista que siempre hayas sido. A partir de ahora, todo se trata de las preguntas, elecciones y acciones que harás para avanzar.

Anaïs Nin dijo una vez: "No vemos las cosas como son, vemos las cosas como somos". Tiene razón. Cada uno de nosotros creamos

o elegimos nuestra propia realidad basada en experiencias pasadas y aprendizaje temprano. Lo que hemos etiquetado como real es a menudo sólo una elección que hemos hecho o una realidad que hemos elegido.

Hacerte preguntas, tomar diferentes decisiones y elegir "mejores" realidades es en verdad una habilidad que puedes aprender. Una vez que la domines, se convertirá en una segunda naturaleza, y eventualmente *comenzarás con el Sí* de forma natural, sin pensar mucho en ello.

Por supuesto que un nuevo enfoque requiere práctica, ¿pero qué no la requiere? Has tenido años de práctica de decir "No". "No, no puedo saltar la cuerda"; "No, no soy bueno en matemáticas"; "No, no puedo jugar al Scrabble"; "No, no puedo aplicar para ese trabajo"; "No, no sé tocar el violín". Así que no se sorprenda de que comenzar con el "Sí" se sienta un poco extraño al principio, porque lo es... al principio. Pero le prometo algo: Con la práctica, el "Sí" se convertirá de a poco en una segunda naturaleza, y con el tiempo, el "Sí" se convertirá en tu nueva forma de ser y tu nueva

primera respuesta. Como mi compañero me recuerda a menudo:
"La práctica hace a la persona".

Ahora me acuerdo de tu amiga que se metió en muchos problemas por decir que sí... ¿debo decir que sí a todo?

Esta puede ser una de las preguntas más importantes que podrías hacer, y me molesta tener que decirlo, pero la respuesta es no. Decir "sí" se trata de una apertura a las preguntas y una búsqueda de acciones en lugar de una simple respuesta automatizada a cada situación u oportunidad que se presente.

El otro día, por ejemplo, mi nieto Andrew trató de tenderme una trampa preguntándome si le compraba una computadora nueva. Por fortuna, fui lo suficientemente inteligente como para no usar la palabra "No", y en realidad usé su pregunta tramposa como un momento de enseñanza para aclarar lo que realmente significaba *comenzar con el Sí*. Le dije: "Si realmente quieres una computadora nueva, te ayudaré a pensar en cosas que podrías hacer para que eso ocurra". No prometí una solución rápida, y la obvia sugerencia de trabajar y ahorrar dinero no era la respuesta

que él esperaba. Pero creo que entendió el punto. Técnicamente, estaba diciendo "no" a un donativo pero, lo que es más importante, estaba diciendo un alentador "sí" al concepto de hacer que algo suceda.

En otras situaciones puede que tengas que decir "no, gracias" a una cena tardía y "sí" a una buena noche de sueño antes de una importante reunión de negocios por la mañana. O puede que necesites decir "No, no me casaré contigo", mientras dices "sí" a tu derecho y necesidad de tomar una decisión sincera y sabia sobre con quién casarte.

Bien, estoy listo para intentarlo y entiendo que requerirá un poco de esfuerzo. ¿Cómo empiezo exactamente?

En verdad, es muy simple. Empieza por prestar atención a la frecuencia con la que dices "no". En este caso, el "no" puede ser un "no" absoluto o un "no" más suave, alejándote de la posibilidad u oportunidad.

A medida que empiezas a prestar atención a las veces que dices "no", comienza a imaginar respuestas más abiertas de "sí". Por ejemplo, en lugar de decir "no, no sé tocar el violín" (porque eso es real... no sabes), di: "Sí, podría aprender a tocar el violín si encontrara un profesor y alquilara un instrumento". Porque eso también es cierto: podrías. En realidad se trata de aprender a cambiar la forma en que ves el mundo. Recuerda, el enfoque del "no" te detiene en tu camino. ¡El enfoque de *Comienza con el Sí* hará que toques el violín para tu próximo cumpleaños! Se trata de

cambiar tu punto de vista, o perspectiva, y de elegir realidades que funcionen mejor para ti.

Este es otro ejemplo de cómo puedes usar cualquier momento o situación para practicar. Imagina que sales a cenar con amigos en un buen restaurante; gran decoración, música, ambiente, pero algo no está bien... es tu camarera. Es distante, lenta y no muy servicial; parece preocupada e indiferente. Empiezas a sentirte molesto y tal vez incluso un poco enojado. Podrías decirle a tu amigo: "¡El servicio es terrible! ¡Esta camarera es una fracasada!" Y empiezas a pensar en cuánto dejarás de propina; tal vez ni lo suficiente para comprar un galón de leche.

Esta es tu oportunidad de practicar el cambio. Imagina que tu camarera es una madre soltera. Este es en realidad su segundo trabajo. Ha estado de pie desde las 6:00 a.m. y no terminará hasta después de las 11:00 p.m. Le deben dos meses de manutención, su hija tiene problemas en la escuela, y el alquiler está atrasado. Se acerca la Navidad, pero no le preocupan los regalos para sus

hijos; se pregunta cómo va a comprar un galón de leche para el desayuno de mañana.

¿Puedes sentir un cambio? De repente tu perspectiva ha cambiado. Ves las cosas de manera diferente. Misma mujer, mismo restaurante, mismo pésimo servicio, pero ha habido un cambio en tu forma de pensar. Y ahora hay un cambio en tu realidad. Sospecho que ahora tu propina será alentadora y generosa. Los hechos no han cambiado, pero tu realidad sí. Y naturalmente, al cambiar tu realidad, también cambian tus sentimientos, actitudes y acciones.

De eso se trata el cambio de perspectivas. No siempre se siente natural o fácil. Y de hecho, a veces parece casi imposible. Pero con la práctica, se hace más fácil; y con mucha práctica, se convierte en una forma de vida.

Suena como si quisieras que "inventara historias" para hacerme sentir más positivo o esperanzado.

Bueno, con el debido respeto, eso es lo que la mayoría de nosotros hace de todos modos. Constantemente inventamos historias, así que ¿por qué no inventar las que suavicen nuestras vidas y nos ayuden a evocar un espíritu de compasión por nosotros mismos y por la gente que nos rodea? Al menos vale la pena intentarlo, ¿no?

Está empezando a sonar divertido, y estoy dispuesto a intentarlo.

¡Bien por ti! Pero se pone mejor. Aquí hay otra cosa maravillosa acerca del enfoque de *Comienza con el Sí*: Cuando das pasos positivos y cambias tu perspectiva, descubres lo poderoso que eres en verdad. ¿Y a quién no le sirve un poco más de poder?

Tristemente, la verdad es que muchos de nosotros a menudo sentimos que no tenemos suficiente poder. De hecho, sentirse impotente es probablemente mucho más común que sentirse poderoso.

Aprendí una lección muy importante hace un tiempo y es que: sólo porque lo sentimos, no significa necesariamente que sea cierto. Por ejemplo, a veces mi nieta Gracie tiene temor de la oscuridad (en realidad, a veces yo mismo le temo a la oscuridad). Sentirse asustado es bastante real, pero sólo porque tengamos temor no

significa necesariamente que haya algo en la oscuridad a lo que temer.

Es así con el poder personal. Claro, sentirse impotente es un sentimiento real. Pero sólo porque no nos sintamos poderosos no significa que no lo seamos. De hecho, la mayoría de las veces, la sensación de impotencia simplemente significa que no hemos encontrado nuestro poder. Cuando *comiences con el Sí*, no sólo empezarás a encontrar tu poder, sino que también empezarás a usarlo para hacer que sucedan cosas buenas. Piensa en ello de esta manera: En lugar de sentarte en la oscuridad quejándote de no ver, levántate, enciende las luces y sigue con tu día.

Es una táctica que funcionó bien para Tim, un amigo cercano que siempre se lamentaba de la escasez de buenos hombres en su vida. Pensaba constantemente en una relación a largo plazo, pero nunca parecía encontrar el tipo de hombre que quisiera llevar a casa para conocer a su familia. Recuerdo haberle hecho algunas preguntas, y la que pareció resonar fue esta: ¿Dónde es más probable que conozcas al tipo de hombre que estás buscando?

Ni siquiera tuvo que pensar en ello: museos, galerías de arte, y a través de actividades al aire libre. En base a eso, debatimos ideas y descubrimos algunos pasos de acción potenciales. Redujo sus opciones y dio los sencillos pasos de inscribirse como voluntario en el museo local y unirse al Club de las Montañas Apalaches. La última vez que hablé con Tim, se estaba divirtiendo, conociendo gente estupenda, e incluso saliendo con un chico especial al que llevaría a su casa para el Día de Acción de Gracias.

Esto me gusta mucho, pero seamos realistas; en muchas situaciones somos realmente impotentes. Claramente no todo está bajo nuestro control.

Lo entiendo, y tienes toda la razón. Hay un millón de cosas fuera de nuestro control. Pero la estrategia que funciona para mí, y que espero que estés dispuesto a probar, es cambiar tu energía y enfoque de las cosas que no están bajo tu control hacia las que sí lo están. En otras palabras, deja de quejarte de todo el poder que no tienes y sé inteligente con todo el poder que sí tienes.

Por cierto, mi experiencia es que nueve de cada diez veces (probablemente noventa y nueve de cada cien veces), lo que no está bajo nuestro control son los demás, y lo que está bajo nuestro control somos nosotros mismos. Si ves que te preocupas o intentas controlar a tu pareja, familiares o amigos, es muy probable que el problema sea tuyo y, como mínimo, tienes que hacerte algunas

preguntas. Al avanzar, tu nuevo enfoque es preocuparte menos por lo que los demás deberían hacer y poner esa energía en hacer que sucedan cosas buenas en tu propia vida. Aquí tienes un consejo que cambiará tu vida: Deja de intentar controlar a todo el mundo. Déjalo ir. Tratar de controlar a los demás es molesto (y aburrido) y no funciona. Así que deja de intentarlo.

De paso, hay otras dos cosas que no funcionan: quejarse y juzgar. He notado que las personas que se quejan todo el tiempo o que son demasiado críticas son típicamente personas que se sienten bastante impotentes. Cuanto menos poder sienten que tienen, más se quejan o juzgan. Creo que eso es porque cuando nos sentimos impotentes, sentimos la necesidad de encontrar chivos expiatorios; personas, cosas y eventos a los que culpar. Cuando nos sentimos impotentes, a menudo intentamos "robar" el poder de los demás siendo críticos (lo que a menudo se traduce en menospreciar a los demás), y eso no funciona.

¿Escuchar las quejas de los demás te ha inspirado o motivado alguna vez, o ha añadido a tu día de forma positiva o útil? Creo

que a medida que prestes atención a los quejumbrosos en tu vida y notes también la frecuencia con la que te encuentras quejándote, te inspirarás para redirigir tu energía.

Creo que también es increíblemente importante comenzar a prestar atención a la frecuencia con la que hablamos en forma crítica con un tono crítico en nuestra voz. Es útil reconocer cuán dañino es todo este juicio, no sólo para las personas que están siendo juzgadas sino también para el que juzga. Como yo lo veo, cuando juzgamos estamos creando una energía negativa que impacta a todos los que son tocados por ella.

Cuando encuentres que tú mismo u otros se quejan o juzgan, simplemente practica el redirigir o reformular. El otro día salí a dar un paseo con un amigo y vi una casa recién construida que no me gustó y dije: "Mira esa casa tan fea". En cuanto lo dije, me di cuenta de lo negativo y ridículo que sonaba. En vez de eso podría haber dicho, "Mira esa casa; no es mi estilo". Con ese cambio, la conversación habría sido sobre mis preferencias personales y se habría sentido menos crítica y juiciosa. Las conversaciones sobre

los gustos personales son una forma interesante de conocer a alguien. ¡Las conversaciones críticas o juiciosas son sólo críticas y juiciosas!

Piensa en cuán a menudo describimos un libro o una película o una cena u obra de arte como horrible, cuando lo que realmente estamos describiendo es lo que no nos atrae. Ahora bien, alguien podría argumentar que las palabras no tienen tanto impacto, pero yo creo que nuestras palabras crean nuestra realidad. Con esto en mente, debemos elegir cuidadosamente.

Cuando nos conectamos con nuestro propio poder, presionamos el botón de encendido de nuestro poder, entonces no hay necesidad de culpar porque no hay nada de qué culpar a nadie. No hay razón para "robar" poder porque ya tenemos mucho poder propio. Recuerda esto la próxima vez que estés atrapado en una conversación con una persona demasiado crítica o quejumbrosa. Y lo más importante, recuérdalo la próxima vez que alguien más esté atascado en ese tipo de conversación contigo.

Entonces, ¿cómo encontramos el botón de encendido de nuestro poder?

Simple y deliberadamente cambias a una mentalidad de *Comienza con el Sí*. Eso significa que empiezas a hacer algunas preguntas y a buscar respuestas de "sí" y pasos de acción. Cuando lo haces, de repente las luces se encienden. ¿A qué me refiero exactamente? Aquí hay algunos ejemplos de cómo presionar el botón de encendido de tu poder:

• Llamar al cine para ver qué películas se están proyectando y a qué hora son los espectáculos

• Hacer una cita para que te revisen los ojos

• Invitar a un amigo para que te ayude a aprender a equilibrar tu chequera

• Ofrecerse a llevar a un anciano amigo al centro comercial para dar un paseo

• Ponerle gasolina a la cortadora de césped

• Apagar la televisión y hornear algunos brownies

Sé que algunos de estos ejemplos parecen pequeños y casi demasiado fáciles, pero ese es el punto. Si estás haciendo algo, estás haciendo algo. Si te acerca a una meta o resuelve un problema, o simplemente te hace sentir mejor, ¡es poder!

Encontrar nuestro poder cuando estamos abrumados, confusos o deprimidos requiere que hagamos algo incluso cuando no queremos o no sentimos que podemos hacerlo. Todos hemos estado allí, y entrar en acción es la única salida. Puede que no podamos limpiar toda la casa, pero podemos limpiar un cajón de la cocina. Puede que no podamos encontrar un nuevo trabajo pero podemos hacer una lista de las clases de trabajo que puedan interesarnos.

El botón de encendido se activa con cualquier acción pequeña. Entrar en acción, no importa cuán pequeña sea, pone las cosas en movimiento, y el movimiento, no importa cuán pequeño sea, es el

poder. A medida que ejercites tu poder, probablemente descubrirás que el siguiente paso es un poco más fácil. Una vez que el cajón está organizado, sacar la basura parece más manejable. Una vez que sacamos la basura, puede que tenga sentido barrer el piso y vaciar el lavavajillas. Con *Comienza con el Sí*, la casa se limpia porque se empezó con el cajón de la cocina.

Recuerda que no encuentras tu poder y luego entras en acción. Encuentras tu poder tomando acciones. De poco el acceso a tu poder se sentirá cada vez más natural, y comenzarás a sentirte con más energía y capaz de hacer que sucedan cosas buenas.

Muchos grandes maestros han enseñado: "Eres lo que piensas". Piensa en pensamientos pesimistas, impotentes, de "No", y eso es lo que eres. Piensa en pensamientos optimistas, poderosos, de "Sí", y eso es lo que eres. Cuando empecé a practicar para aumentar mis respuestas de "Sí", puse notas de *Comienza con el Sí* en todas partes: en mi escritorio en el trabajo, en el refrigerador, en la mesita de noche, y en el bolsillo de mi camisa. Necesitaba recordarme a mí mismo constantemente de buscar los caminos del

"sí" en lugar de volver automáticamente a los callejones sin salida del "no".

Un buen amigo mío, Dave Bastien, que fundó una maravillosa organización llamada Músicos por una Causa, una vez compartió su observación de que la palabra "Comienza" es tan importante como la palabra "Sí". Tenía toda la razón, y me ayudó a entender que activamos el poder cuando simplemente comenzamos. Y para comenzar, todo lo que necesitas hacer es ¡*hacer algo*! Da un paso, cualquier paso, en la dirección correcta, y el botón de encendido del poder se activará. Inténtalo. ¡Tú también le agradecerás a Dave!

Por cierto, Dave es otra historia de *Comienza con el Sí*. Como ejecutivo de alta tecnología en un ambiente de negocios en decadencia, se encontró preguntándose hacia dónde se dirigía su vida y buscando su propósito. La música y la composición de canciones siempre habían sido su pasión, pero él había dejado que pasaran a segundo plano después de su trabajo y su vida en general.

Un día el universo decidió que era su turno de estar afuera mirando hacia adentro, y fue despedido. Mientras consideraba su futuro, se reunió con un consejero que le ayudó a determinar su camino con una pregunta: "*¿Qué estarías haciendo con tu vida si no tuvieras responsabilidades externas?*". Su respuesta llegó sin dudarlo: "Usaría la música para ayudar a concientizar sobre ciertas causas". En ese momento se dio cuenta de que no podría volver jamás al mundo corporativo.

Su consejero lo desafió a desarrollar un plan, y aunque podría haber tomado el camino más fácil y encontrar otro trabajo en el mundo corporativo, le dijo sí al desafío. Le llevó varios años, pero se mantuvo en ello hasta que nació Músicos por una Causa.

Decir que sí y reconocer su pasión llevó a Dave a buscar gente que él creía que podía ofrecerle consejos útiles sobre cómo hacer de Músicos por una Causa una organización viable. Él siempre dice: "Cuéntale a los demás tus sueños; ellos te ayudarán a hacerlos realidad". Cuando se dio cuenta de que ese consejo también se

aplicaba a él, sus propios sueños empezaron a tomar forma.

Mmmm... Siguiendo su propio consejo. Esto nos lleva a una trampa en la que muchos de nosotros caemos: somos buenos ofreciendo consejos a otros, pero muy a menudo no podemos ver cómo aplicar las mismas palabras de sabiduría a nuestras propias vidas. Apuesto a que mientras lees esto, estás reflexionando sobre tu propio ejemplo, ¡y eso es genial! Ahora toma ese ejemplo, aplica los principios del *Comienza con el Sí*, y mira lo que pasa.

¡Desearía tener gente como Dave en mi vida!

Bueno, aún hay más buenas noticias: El poder y el optimismo atraen, en realidad generan, más poder y optimismo. Cuando pongas en marcha el "Sí", no te sorprendas cuando personas como Dave, con buena energía, aparezcan de repente y se unan para apoyar y mantener tu impulso.

Antes, hablé de la "Ley de atracción". En resumen, atraemos a una cierta clase de persona al ser una cierta clase de persona. La gente pesimista parece atraer a la gente pesimista, mientras que la gente optimista tiende a atraer a la gente optimista.

Marianne Williamson, autora de *Volver al amor*, dio un paso más allá cuando escribió: "Puedes ver el vaso medio vacío, o puedes verlo medio lleno. Puedes concentrarte en lo que está mal en tu vida, o puedes concentrarte en lo que está bien. Pero en lo que sea que te concentres, vas a obtener más de ello". Marianne tiene razón: verlo medio lleno o medio vacío no es sólo una actitud, es

un pronóstico. Y verlo medio lleno no sólo atrae a la gente. Atrae oportunidades maravillosas.

Si comienzo a atraer gente más optimista, ¿qué pasa con todas las otras personas menos positivas que ya están en mi vida?

Esa es una pregunta importante, y me alegro de que la hagas. Si te tomas *Comienza con el Sí* en serio, habrá muchos cambios, y algunos de ellos involucrarán a familiares, amigos y socios de negocios que pueden haber estado en tu vida durante mucho tiempo.

Si tienes a tu alrededor personas pesimistas, críticas, quejumbrosas e impotentes, algunas se sentirán inquietas por tu nuevo enfoque de la vida. Por otro lado, puede que a algunas les intrigue tu estilo nuevo, esperanzador, orientado a la acción, y auto dirigido, y crecerán contigo.

Desafortunadamente, otras pueden decidir alejarse, lo que será triste, pero también bueno, porque te encontrarás menos dispuesto a pasar tiempo con personas que te depriman. Y finalmente,

algunas personas se resistirán a *Comienza con el Sí* (a veces como si sus vidas dependieran de ello) y tratarán de devolverte a su zona de confort del "no". Cuando eso suceda, tendrás que estar alerta, ser claro, establecer algunos límites, evitar tratar de controlar a los demás y recordarte a ti mismo que tu nuevo enfoque es simplemente mejor para ti y para el mundo.

El cambio no siempre es fácil. Los tipos de cambios que decides hacer pueden generar algunas pérdidas, y no quiero minimizar la importancia de desprenderse de algunas cosas. No estoy seguro de que sea posible desprenderse sin lágrimas, así que sé amable contigo mismo y con los que te rodean. Cuando digas sí a tu vida, también di sí a tus sentimientos y mantén las cosas en la dirección que tu corazón desea.

Permítanme decir unas palabras más sobre la claridad y los límites. A menudo nos encontramos molestos, frustrados o incluso enfadados con los demás porque no hemos sido claros con nuestros propios límites. A algunos de nosotros (y me pongo en este grupo) se nos enseñó a diferir de los demás de maneras que

no tienen sentido. Por ejemplo, si en verdad quieres tomar una clase de fotografía, pero tu novio quiere pasar más tiempo contigo, es mejor que seas clara con él acerca de tu preferencia y trabajar en un compromiso que permita tiempo para la clase de fotografía. De lo contrario, no sólo estarás comprometiendo tus sueños sino que tu resentimiento también creará malas vibras que no servirán a la relación.

A muchas personas les cuesta mucho trabajo ser claras acerca de lo que quieren y necesitan. Creen que están siendo amables, pero en realidad están siendo cobardes. Créeme. Nadie que merezca tu tiempo, energía o amor quiere a un cobarde como amigo o amante.

Si te encuentras molesto, frustrado o enfadado con alguien en tu vida, es muy probable que no hayas sido claro y no hayas establecido los límites apropiados. La manera de mejorar la situación no es hacer que ellos cambien; es que seas honesto sobre tus necesidades, esperanzas y sueños, y luego de manera respetuosa establezcas límites. En otras palabras, dilo como es:

"Esto es importante para mí. Quiero hacer esto, y si no puedo tener tu apoyo y aliento, al menos no me retrases".

Mucho de esto será bastante fácil de navegar a menos que las personas en cuestión sean personas realmente significativas en su vida: esposa, esposo, pareja, amante, padre, hermano y hermana, mejores amigos, tu jefe, etc. En estas situaciones, lo que está en juego es mucho más importante y tu trabajo es un poco más difícil. Yo recomiendo que a medida que pongas más energía en atraer a personas positivas a tu vida, también construyas un "escudo invisible" para protegerte de la influencia de las personas que ven el vaso medio vacío que permanezcan en tu vida.

Atraer más gente positiva es tu ataque. Construir el escudo es tu defensa. Activar el escudo es realmente un ejercicio meditativo o mental, y será útil un poco de imaginación. Existen muchas prácticas, y a medida que hables con amigos o asociados de ideas afines, probablemente descubrirás algunas técnicas de autoprotección que funcionarán bien para ti. El "escudo" es en realidad sólo una elección o decisión de protegerte de la

negatividad. Imaginar el escudo de cualquier manera que funcione para ti te ayudará a actualizar la protección.

Para activar el escudo invisible, hazte algunas preguntas cada vez que los "negativos" intenten intervenir. Por ejemplo: "¿Me ayuda esa respuesta? ¿Me motiva o anima? ¿Me inspira o me acerca a mis objetivos?". Si la respuesta a cualquiera de estas preguntas es "no", entonces simple y rápidamente desecha la respuesta. Si alguien a quien amas quisiera que comieras camarones aun cuando tú odias los crustáceos y te caen mal, ¿te comerías los camarones? Por supuesto que no.

En situaciones extremas, una pregunta importante que puedes necesitar hacerte es: "¿Puedo liberarme del comportamiento controlador de esta persona sin ayuda externa?". Si la respuesta es: "No es probable", entonces el paso de acción obvio es asegurarte la ayuda profesional que necesitas para superar esto con éxito.

Esto empieza a parecerse más a una forma de enfocar la vida o un proceso práctico y menos a una terapia o autoayuda. ¿Qué pasa con las personas que están deprimidas, ansiosas y temerosas, o con las que tienen otro tipo de problemas emocionales con los que lidiar, cosas que comprensiblemente las estén retrasando?

Esta es una pregunta con la que mucha gente que comparte esta conversación puede identificarse. Lo sé porque esta clase de cuestiones es parte de la vida y son una realidad para la mayoría de nosotros en un momento u otro. También tienes razón al recordar que *Comienza con el Sí* es más acerca de la acción y en realidad no es para nada acerca de la terapia. Piensa en ello como un recordatorio o un suave empujón para mantenerte en la dirección correcta; una reorientación deliberada, en tema, basada en la acción en respuesta a los desafíos y oportunidades. *Comienza*

con el Sí no es un sustituto de la terapia u otras intervenciones clínicas; aun así, puede ayudarte a lidiar con algunas de las dolorosas realidades mencionadas en tu pregunta.

Una persona deprimida aún puede ser una persona que *comienza con el sí*, reconociendo el dolor y preguntando: "¿Qué tengo que hacer para llegar a un lugar mejor?". La respuesta podría ser encontrar un buen terapeuta y comenzar la terapia. Ese momento de conciencia seguido por la acción (programar una cita y comenzar un proceso terapéutico) será un gran paso de "sí" que llevará a la persona en una dirección más esperanzadora.

Recuerda esto, no importa dónde empieces, qué reto afrontes o qué obstáculo tengas que superar; *Comienza con el Sí* está diseñado para ponerte en marcha. Creo que te sorprenderá lo pronto que te sentirás merecedor y empezarás a encontrar maravillosas oportunidades para mejorar tu vida.

Algunos días me siento mal, estoy malhumorado y agotado. La idea de tomar una acción positiva parece casi imposible. ¿Qué puedo hacer en esos días?

A veces *Comienza con el Sí* requiere que tomemos medidas a pesar de nuestro estado de ánimo y nivel de energía, pero otras veces se trata más de ser suaves y amables con nosotros mismos. El truco está en decidir cuándo avanzar y cuándo ser suaves. Si el mal humor o el agotamiento sólo ocurren ocasionalmente, dejemos que la amabilidad prevalezca. Si es más crónico, entonces lo más probable es que requiera algún tipo de acción. Un buen lugar para empezar es explorar las razones detrás de la condición crónica. Para eso debemos hacernos algunas preguntas. Por ejemplo: "¿Por qué estoy tan cansado todo el tiempo?"; "¿Necesito hablar con mi médico sobre estos dolores de cabeza?"; "¿Cómo es que he estado tan malhumorado últimamente?"; "¿Qué podría hacer para sentirme menos ansioso?".

Las respuestas se convierten entonces en puntos de referencia o indicadores de acción. Si la respuesta a la pregunta "¿Por qué me siento deprimido?" es porque has dejado de tomar tus antidepresivos, entonces la acción es bastante sencilla: Habla con tu médico y averigua cómo encaminarte de nuevo.

Definitivamente tienes mi atención, pero espero que hables un poco más sobre el temor. A veces ese es mi mayor obstáculo y no estoy seguro de qué hacer al respecto.

Qué gran pregunta. El temor se interpone en nuestro camino y a menudo detiene nuestros pasos. Hay algunas técnicas de *Comienza con el Sí* que pueden ayudar.

Recientemente estuve asesorando a una cliente que tenía varios objetivos, pero el más apremiante era el deseo de volver a tener citas. Karen compartió que cada vez que se acercaba a conocer a alguien nuevo (o incluso a sonreír a un hombre guapo en el supermercado) se asustaba y retrocedía. Al hablar sobre su temor, nos dimos cuenta de repente de que nos estábamos centrando en lo equivocado. Irónicamente, hablar sobre el temor y pensar en él, en realidad atraía más temor. Y el temor la mantenía atascada y no la acercaba a ninguna relación nueva.

Mientras hablábamos, empezamos a buscar acciones tipo "Sí" que pudiera poner en marcha a pesar de su temor. Para empezar, decidió simplemente sonreírle más a todo el mundo. En otras palabras, decidió hacer de la sonrisa un hábito. Naturalmente, este nuevo hábito se extendió a los hombres interesantes, y pronto no sólo les sonreía habitualmente a los chicos guapos, sino que incluso intercambiaba recetas con solteros atractivos en el supermercado. Estos cambios de comportamiento ocurrieron a pesar del temor, no porque lo hubiera eliminado. ¡Si hubiera esperado a que el temor desapareciera antes de tomar una simple acción, Karen nunca se hubiera divertido tanto en el proceso!

En nuestras vidas personales, el temor es a menudo una elección que hacemos. Así es: como dije, podemos elegir nuestros sentimientos, y afortunadamente podemos elegir algo diferente al temor. Veamos si este ejemplo ayuda. Si me escondo detrás de un árbol y salto y digo "¡Bu!", y tú saltas, es una reacción normal. Pero esa sensación de susto pronto pasa. Eso también es normal;

no hay problema. Sin embargo, si dos días después sigues asustado y miras detrás de cada árbol, eso puede ser un problema.

El temor en respuesta a algo que ha sucedido es una reacción. El temor que persiste es a menudo un sentimiento. Y en ese caso, la solución, por extraño que parezca, es simplemente elegir otro sentimiento. Elegir otro sentimiento es en realidad más fácil de lo que parece. Simplemente toma una acción que te haga avanzar a pesar de tus sentimientos de temor, y éste comenzará a disiparse. Por ejemplo: Si el objetivo de volver a la universidad parece abrumador o incluso aterrador, acéptalo. Luego, simplemente busca un primer paso menos aterrador, como visitar los sitios web de las universidades, y hazlo. Luego de hacerlo, el siguiente paso podría ser recorrer un campus o dos. No te concentres en tu temor o incluso en cómo sería estar en la universidad. En cambio, concéntrate en el siguiente paso más pequeño y manejable.

Ahora, no me malinterpretes. Realmente hay muchas cosas de las que preocuparse: huracanes, bombas, terroristas, acontecimientos mundiales, la lista sigue. Y también todos tenemos más

preocupaciones personales: nuestros trabajos, la bolsa de valores, los niños que empiezan el primer grado, los padres que envejecen, las enfermedades, los planes de jubilación. Estoy dispuesto a apostar que no hay una sola persona que lea esto que no tenga sus justos motivos por los que preocuparse.

Curiosamente, yo no pienso en el temor o la preocupación como algo negativo. En realidad pienso en estos sentimientos como más neutrales. En verdad, son una parte normal e inevitable de la experiencia humana, y a veces son realmente útiles. Tener miedo a las aguas profundas cuando no sabes nadar tiene mucho sentido, ¿no? De hecho, si nunca te has preocupado o has sentido temor... eso me asustaría.

Pero también sé que la preocupación o el temor no se sienten bien, se interponen en el camino de las acciones, y casi siempre nos quitan la energía. Al final, necesitamos reconocer al temor y la preocupación por lo que son, y luego respirar profundamente y elegir de nuevo. Elegir de nuevo es lo que John McCain escribió en "En busca de coraje", que apareció en la edición del 19 de

diciembre de 2007 de *Fast Company*: "No dejes que la sensación de temor te convenza de que eres demasiado débil para tener coraje. El temor es la oportunidad para el coraje, no una prueba de cobardía". Cuando decidimos *comenzar con el Sí*, en realidad estamos eligiendo la acción por sobre el temor. ¡Estamos diciendo "sí" en lugar de "no", y estamos haciendo algo en lugar de nada!

Estoy a favor de elegir la acción por sobre el temor, y de atraer oportunidades maravillosas.

Pero empiezo a sentir que algunos de los sueños que tengo requerirán de otras personas que estén dispuestas a trabajar conmigo.

Lo entiendo completamente. Estás a punto de descubrir que siempre has estado rodeado de gente que no sólo está dispuesta a ayudar, sino que desea hacerlo. Simplemente no has estado buscando en los lugares correctos.

Pero antes de que vayas a buscar gente que te ayude a realizar tu sueño, hay algo gracioso que debes saber. En verdad, no necesitas concentrarte en encontrar gente que te ayude. Más bien, necesitas concentrarte en encontrar gente que necesite tu ayuda. Booker T. Washington escribió: "Si quieres levantarte, levanta a alguien más". Sé que suena contrario a la intuición, pero inténtalo. Es

realmente la única manera de experimentar esta maravillosa contradicción, y siempre, siempre funciona.

Y eso me lleva de vuelta a Mark Schoenfeld y su musical de Broadway. La primera vez que escuché la música de "Brooklyn", me llamó la atención la letra: "Cuando cambias la vida de alguien, cambias la tuya". Suena muy simple, ¿no? Bueno, eso es porque lo es.

Cambiar vidas es en realidad bastante fácil. De hecho, gran parte de la diversión y la alegría de *Comienza con el Sí* viene de una mayor conciencia del impacto que tenemos en los demás y de la elección de hacer la vida un poco mejor o más fácil para las personas que nos rodean. ¡Estamos hablando de un poder asombroso!

¿Recuerdas el limbo? Tuve la suerte de que me invitaran a una fiesta hace poco y había mucha gente y muchas actividades. En un momento dado el disc jockey nos pidió a mí y a otra persona que agarráramos un extremo de un palo de bambú y lo

sostuviéramos horizontalmente. Cuando me di cuenta de que iba a ser un concurso de limbo, entendí por qué había asumido que sería mejor que yo fuera una de las personas que sostuviera el palo. Conoces el limbo, ¿verdad? "Jack, sé ágil; Jack, sé rápido; Jack, pasa debajo del palo del limbo...". Echó una mirada y supo que yo no era ningún Jack.

Bueno, de todos modos, formaron una fila y mientras sonaba la canción, el palo fe bajando y la fila se hizo cada vez más corta. Es un juego competitivo después de todo. Cuando sólo quedaban unas cuatro personas, ocurrió algo muy interesante. Mientras cada persona se inclinaba hacia atrás (y me refiero a MUY HACIA ATRÁS) para pasar por debajo del palo, la persona que estaba detrás se estiraba y ponía su mano debajo de los hombros del bailarín del limbo para ayudarlo mientras se deslizaba por debajo del palo.

Este era un nuevo tipo de limbo. No se trataba de ganar o perder, sino de divertirse, afrontar el reto y ayudarse mutuamente a hacer lo imposible.

COMIENZA CON EL SÍ

A veces creo que la vida se siente como si hiciéramos el baile del limbo. ¿No te preguntas de vez en cuando hasta dónde puedes doblarte antes de caer? ¿Y no sería hermoso y maravilloso saber que, mientras te inclinas hacia atrás, habrá un par de manos esperando para sostenerte?

Puedes hacer que ese "algo maravilloso" suceda para alguien más simplemente diciendo: "Sí, puedo ser ese par de manos". Y lo que he experimentado una y otra vez es que cuando me pongo en la fila y extiendo mis manos para ayudar, cuando es mi turno de inclinarme hacia atrás, siempre hay un par de manos esperándome.

Recientemente escuché una maravillosa cita atribuida a Ana Frank, quien ciertamente demostró una filosofía de *Comienza con el Sí*. Ella dijo: "Qué maravilloso es que nadie necesita esperar ni un solo momento para empezar a mejorar el mundo". Estoy seguro de que Ana Frank vio la relación inherente entre nuestro deseo de una buena vida para nosotros mismos y nuestra voluntad de ayudar a otros a tener también estas oportunidades.

Haces que parezca fácil, casi demasiado fácil. ¿Estás sugiriendo que todo será perfecto?

Déjame recordarte gentilmente que dije "una buena vida", no "una vida perfecta".

Ninguna vida es perfecta; ninguna vida está libre de preocupaciones o problemas. Tenemos días buenos y años buenos, y días no tan buenos y años no tan buenos. A veces las cosas se desenvuelven de forma fácil y perfecta, mientras que otras veces se desplazan cuesta abajo más rápido que un túnel de huida.

Tenemos momentos felices, incluso milagrosos, y también tenemos nuestra parte de reveses dolorosos y pérdidas fuera de lo común. Todos sabemos que una buena vida no es una vida sin problemas. Pero también sabemos que una buena vida no ocurre por accidente, ni tampoco en aislamiento.

Hace poco tuve el placer de hablar en un evento con Bert Jacobs. Si no lo conoces, estoy seguro de que conoces sus camisetas de Life is Good®. Bert y su hermano John cofundaron esa empresa. Hace diez años, estaban vendiendo camisetas desde su camioneta en las calles de Boston, viviendo a sándwiches de mantequilla de maní y jalea; hoy están al mando de una empresa internacional multimillonaria. ¿Cómo lo hicieron? Tenían una actitud de *Comienza con el Sí.*

Bert creía totalmente que podía hacerlo. Pero también sabía que no podría hacerlo solo. La historia de su éxito está llena de historias de amigos y asociados que le ayudaron a lograr sus objetivos. La evidencia de la perspectiva de Bert se puede encontrar en el título de su trabajo: En su compañía, CEO significa "Jefe Ejecutivo Optimista" [Nota del Traductor: juego de palabras con las siglas en inglés de CEO]. Y créeme, él practica lo que predica. Déjame darte un ejemplo.

Cuando me reuní por primera vez con Bert, fue para lanzar una idea con la que nuestro equipo directivo esperaba que se

involucrara. Era muy poco probable. Él es un hombre ocupado, yo no lo conocía ni a él ni a nadie que lo conociera, y no teníamos conexiones profesionales o personales que pudieran llamar su atención. Pero nuestro equipo se dirigió a su oficina corporativa en Boston para conocerlo de todos modos.

Después de que hicimos nuestra presentación, y "nuestro pedido", ¿adivina qué dijo Bert, en ese mismo momento? "Sí, lo haré". Su "sí" condujo a un compromiso de discurso de presentación en una reunión anual de la que yo era responsable y a una generosa donación a la organización sin fines de lucro que yo dirigía.

Siempre estaré agradecido por la ayuda de Bert, pero aún más por la lección que esta situación me enseñó. Aprendí que después de que todo estaba dicho y hecho, fue mi enfoque abierto, esperanzado y orientado a la acción del "Sí" lo que me puso frente a Bert para que estas cosas buenas pudieran suceder. Si hubiera elegido una actitud de "no, esto nunca funcionará", ¡la historia que acabo de contar nunca habría sucedido!

Es muy inspirador escuchar tus historias, pero estoy lo suficientemente arraigado a la realidad como para saber que no todo va a salir exactamente como lo planeado. ¿Cómo lidio con los contratiempos o decepciones?

Esa es una gran pregunta y tienes razón al esperar que haya algunos bloqueos temporales, decepciones o reveses. También debes estar preparado para algunos errores en el camino. A veces estos trastornos son difíciles de manejar e imposibles de entender. Otras veces lo que pensábamos que era una bola curva resulta ser una nueva dirección maravillosa. De cualquier manera, los trastornos son inevitables y vale la pena prestar atención a cómo respondemos.

Una reacción muy común a los contratiempos o decepciones es buscar a quién o a qué culpar. Y ya sea que mires hacia afuera y

culpes a otros, o hacia adentro y te culpes a ti mismo, el resultado es siempre el mismo.

Cuando culpas, te quedas estancado en un túnel del tiempo que es infeliz e improductivo, y te quedas temporalmente al margen o permanentemente descarrilado.

Otra reacción común es el remordimiento. He trabajado con muchas personas que tienen el deseo, la necesidad o, más probablemente, el hábito de literalmente rendir homenaje a sus errores y reveses. Es un desperdicio colosal pasar un tiempo precioso viviendo en un mundo de lamentos, cuestionando y pensando en cualquier trastorno que se presente. El resultado final es siempre el mismo: llegar rápidamente a ninguna parte.

Ahora, obviamente, algunos reveses son mucho más significativos que otros y la reflexión en quietud y la meditación son esenciales. Enfrentar una enfermedad grave o un cambio en una relación es mucho más significativo que un mal corte de pelo o llegar tarde al cine. Algunos de nosotros reaccionamos exageradamente a

pequeños trastornos como si fueran grandes catástrofes, mientras que otros que se enfrentan a retos vitales más significativos parecen tomar las cosas con calma. Con los desafíos más grandes, asumimos erróneamente que algunas personas son más resistentes que otras, pero eso no es realmente cierto. Todos somos resistentes. Después de todo, seguimos aquí, ¿no?

A estas alturas, la mayoría de nosotros hemos descubierto que no podemos elegir una vida sin problemas. Los trastornos son inevitables. Pero sí podemos elegir cómo reaccionar a los reveses. Podemos elegir cuánta energía dirigimos a sentirnos mal o autocríticos. Y podemos elegir cuán rápido dejamos de lado esos sentimientos y seguimos adelante.

Todos tenemos nuestras formas favoritas de responder a los desafíos de manera improductiva. Y todos necesitamos aprender y luego practicar a redirigir nuestra energía en direcciones positivas y productivas. Cuando te encuentras frente a una decepción, un bloqueo o un revés, el remedio es dejar de sentirte mal haciéndote una pregunta muy poderosa: "¿Y ahora qué?". Al

hacer esa pregunta, inmediatamente pasas al modo de posibilidad, y te sentirás más ligero y esperanzado a medida que descubras y des ese próximo paso lógico.

¿Recuerdas a Vivian, la mujer que intentaba vender su casa y que descubrió durante la tasación que necesitaba rehacer el baño? Bueno, esto fue un gran revés porque ella no tenía el dinero para hacer las mejoras esenciales de la casa. Este contratiempo golpeó fuerte y ella se quedó atascada... por unos cinco minutos. Pero luego simplemente pasó a la pregunta "¿y ahora qué?" y se le ocurrieron algunos grandes pasos a seguir. Vivian decidió quitar el empapelado y remover la pintura ella misma. Luego hizo un trueque con el hijo de su vecino, un plomero, ofreciéndose a cuidarlo a cambio de ayuda con la plomería. Luego hizo una venta de jardín y ganó suficiente dinero para comprar nuevos accesorios y (el detalle más importante) convenció a su ex marido de que pintara y colocara nuevas baldosas en el suelo.

Vivian se ríe de haber convencido a su ex de pintar, pero lo más importante es que está orgullosa de no haberse descarrilado. Como

ella dice a menudo: "Si yo puedo hacerlo, cualquiera puede". Y tiene razón: ¡tú puedes!

Empiezo a sentirme optimista acerca de sentirme optimista. Por un lado parece fácil, pero sé que tiene que haber algo más.

Me alegro de que te sientas optimista, y para ser honesto, considerando todas las cosas, una vida de *Comienza con el Sí* es en realidad bastante fácil. Sé que a veces la gente tiene la idea de que *Comienza con el Sí* se trata de grandes acciones que mueven montañas. Pero en realidad estoy hablando de acciones mucho más pequeñas, muy manejables, de minuto a minuto. No es un gran "Sí". Son miles de pequeños "síes" que terminan haciendo que ocurran cosas que te cambian la vida.

Piénsalo de esta manera. Si quieres escribir una novela, en algún momento, tienes que sacar el lápiz y el papel y escribir la primera frase. Y luego la siguiente, y la siguiente, y muy pronto, tienes un borrador del capítulo uno. Así es como se escriben los libros. Así es como funciona para Dan Brown, así es como funciona para mí, y así es como funcionará para ti.

Cuando empecé a dirigir mi optimismo y poder, tuvo sentido centrarse en cosas relativamente pequeñas. Invité a algunos amigos a tomar un café para empezar a desentrañar mi confusión con respecto a mi carrera. Luego empecé a explorar lo que faltaba en mi trabajo actual, a investigar sobre mi criterio de trabajo ideal. Desenterré una copia desactualizada de mi currículum y busqué otros formatos de currículum más contemporáneos que pudiera reproducir. Luego redacté un nuevo currículum y se lo pasé a mis compañeros de trabajo de confianza y a un CEO amigo mío. De repente me di cuenta de que las cosas se habían puesto en marcha y yo ya no estaba inmóvil. Naturalmente, había muchos pasos por delante y mi trabajo soñado no apareció por arte de magia. Pero el hecho de estar finalmente en movimiento me inspiró. Un paso llevó a otro, ¡y el trabajo de mis sueños apareció! Aprendí rápidamente que cuando prestamos atención a las pequeñas cosas, de alguna manera las grandes cosas vienen solas.

Esta es mi sugerencia: Si *comenzar con el Sí* no ha sido tu estilo, ahora es tu oportunidad. Y si ya tienes una perspectiva positiva y optimista, ¡sube el nivel! Presiona ese botón de encendido de poder y luego usa el poder para poner en marcha las cosas buenas. Empieza con algo pequeño y mantén la esperanza. Busca esas pequeñas oportunidades para usar tu poder, y luego observa lo que pasa.

¿Tienes alguna otra sugerencia?

Me alegro mucho de que lo preguntes. Aquí hay algunas ideas más. Sonríe más; di "Me encantaría ayudar"; sostén la puerta abierta para alguien; deja pasar alguien primero; dale un guiño alentador a alguien que esté por hacer algo importante; ofrécete a ayudar a alguien a palear la nieve; llévale a alguien una taza de café; comparte una buena carcajada; cédele a alguien más el espacio de estacionamiento; sonríe un poco más. Las oportunidades son infinitas, y cada una es simple, poderosa y cambia vidas. Y estas acciones aparentemente pequeñas se sumarán en formas inesperadas, y moverán montañas. No hay una sola persona que lea estas palabras que no tenga suficiente poder para hacer lo que estoy proponiendo.

Como dijo Anita Roddick, fundadora de The Body Shop, si crees que eres demasiado pequeño para tener un impacto, intenta acostarte con un mosquito en la habitación. Por supuesto, siempre estarán esas malditas montañas. Sospecho que habrá algunas que

no podemos ni imaginar. Pero olvídate de las montañas por ahora. En vez de eso, centra tu atención en las pequeñas cosas. Escribe esa primera frase, resuelve ese pequeño problema y cambia el momento siguiente de alguien. Aun el Monte Everest fue conquistado, un paso, una pulgada a la vez. Y así es como nos ocuparemos de nuestras montañas también: un paso de acción positivo y optimista a la vez.

Sabes, puede que haya algunas personas que lean esto que quieran demostrar que estoy equivocado, pero espero que me sigas la corriente. ¿Qué tal si demuestras que tengo razón? Aquellos que estén dispuestos a demostrar que tengo razón se encontrarán con que suceden muchas cosas buenas y con muchos desafíos resueltos. Y por cierto, hay una recompensa adicional que debo mencionar: la felicidad.

¿Quieres decir que si desarrollo un estilo de Comienza con el Sí seré feliz?

En cierto modo, eso es exactamente lo que he descubierto. Una vida de *Comienza con el Sí* no es sólo una buena vida, es una vida llena de muchos más momentos felices. Permíteme recordarte algo que tu corazón ya sabe: Tú no encuentras la felicidad. La felicidad te encuentra a ti. Cuando *comiences con el Sí*, estarás invitando a más personas y momentos positivos en tu vida. Te convertirás en un brillante y hermoso letrero que dice: "¡Felicidad, por aquí!"

Esto es lo que he aprendido: Conocemos personas que ven el medio vaso vacío y otras que ven medio vaso lleno en cada lugar que vamos. Conocemos personas que se acercan a la vida con un "sí" y una sonrisa, y otras que se acercan a la vida con un "no" y un ceño fruncido.

En el supermercado. En el gimnasio. En el consultorio médico. Las personas del vaso medio lleno y del vaso medio vacío están por todas partes. Y eso plantea la pregunta, una pregunta que cada uno de nosotros debe hacerse: ¿A quién queremos a nuestro alrededor? Y luego la pregunta más importante: ¿Quién queremos ser? Las respuestas a estas dos preguntas sugerirán acciones claras y sencillas que puedes tomar y que te llevarán en la dirección en que quieras moverte. Espero que elijas *comenzar con el Sí*.

He disfrutado de esta pequeña charla, y haré todo lo posible para aferrarme a estos buenos pensamientos. ¿Hay algún recordatorio de último momento que deba tener en cuenta?

Yo también he disfrutado de esta conversación. Confío en que elegirás la buena vida que deseas y mereces, y te deseo buena suerte en tu increíble viaje, ya en marcha. Quiero que sepas que de alguna manera cósmica y optimista, te estaré animando desde al lado del camino, recordándote que hagas las preguntas, pongas en marcha las acciones, y sigas avanzando un pequeño paso a la vez.

¿Puedes imaginarme sonriendo ahora mientras celebro tu tenacidad, tu sentido de la esperanza y tu voluntad de avanzar con valentía a través de los desafíos y abrazar las oportunidades que se presentan? Me quito el sombrero ante ti.

Sí, la apuesta es alta, pero sus oportunidades son increíbles y muy hermosas. Este es realmente **tu** momento. Siempre has tenido el poder y ahora tienes las herramientas. El mundo espera. *¡Comienza!*

Comienza con el Sí: Los 10 principios

1. Comienza: El mejor momento para comenzar es ahora.

2. Ten un sentido de esperanza y arremángate.

3. Espera que Comienza con el Sí entrene tu mente para pensar de forma abierta y creativa y potencie tu capacidad de resolución de problemas.

4. Recuerda: El secreto de una buena vida no es tanto tener una actitud positiva como tomar acciones positivas.

5. Haz preguntas. Siempre se pueden encontrar respuestas y ellas te llevarán a acciones que te harán avanzar.

6. Sigue moviéndote un paso a la vez. No dejes que el temor te detenga.

7. Encuentra tu poder tomando acciones.

8. Concéntrate en encontrar gente a la que puedas ayudar, más que en gente que te ayude.

9. No es un gran "Sí". Son miles de pequeños "síes" que terminan haciendo que ocurran cosas que te cambian la vida.

10. Comienza.

Biografía del autor

Paul Boynton es el Presidente y CEO de The Moore Center. Se formó como trabajador social y terapeuta, y ha trabajado en el mundo de las organizaciones sin fines de lucro toda su carrera. Ha escrito entradas de blog para *The Huffington Post* y *The Good Men's Project*, y es el presentador de *Begin with Yes (Comienza con el Sí)* en *Empower Radio*. Es autor de varios libros, incluyendo Comienza con el Sí, y actualmente trabaja en su último libro, *Be Amazing (Sé maravilloso)*.

Su comunidad de Facebook, con 2 millones de seguidores, es una fuente de inspiración para aquellos que están dando pasos hacia una vida más significativa. Puedes leer más en www.beginwithyes.com, o unirte a él en Facebook en www.facebook.com/beginwithyes.

Paul vive en New Hampshire con su pareja, Michael, y su adorable Goldendoodle, Toby.

Otros libros por Paul S. Boynton:

- Comienza con el Sí: Una breve conversación que cambiará tu vida para siempre
- Cuaderno de ejercicios de 21 días de Comienza con el Sí
- Planificador de acción de Comienza con el Sí
- Compromiso: Transforma tu cuerpo y tu vida con el poder del Sí
- Comienza con el Sí: Trabajando para ti
- Comienzos: Meditaciones diarias
- Comienza con el Sí: Afirmaciones nocturnas
- Viviendo con un sueño: Compilación de música inspiradora
- Comienza con el Sí: CD de meditación guiada

Comienza con el Sí Online

¡Quédate con nosotros! Visita www.beginwithyes.com para conocer las últimas ideas, historias, noticias y eventos de *Comienza con el Sí*, y únete a la familia de Facebook de Comienza con el Sí en www.facebook.com/beginwithyes.

Con mucho amor y gratitud a Josh, Rachel, Molly, Jason y Tim. Ustedes me mantienen mayormente arraigado y siempre riendo. Gracias por mis hermosos nietos, Grace, Andrew, Kash y Ty. ¡Cuánta suerte puede tener un hombre!

Y finalmente a Michael, noche tras noche leíste con cariño el manuscrito, recordándome siempre que hable con el corazón, que se auténtico y alegre. Estoy agradecido por todo lo que haces y por todo lo que eres.